KONSTANTIN SOMOFF

Das Bilderbuch der Marquise

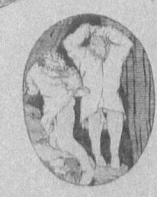

ARKADIEN 1922

impressum:

constantin somoff, das bilderbuch der marquise.
mit einem essay von hans-jürgen döpp.

edition de l`œil
hans-jürgen döpp
postfach 600 240
d-60332 frankfurt am main
mai 2014
www.aspasia.de

herstellung und verlag:
bod- books on demand, norderstedt
isbn 978-3-7357-21723

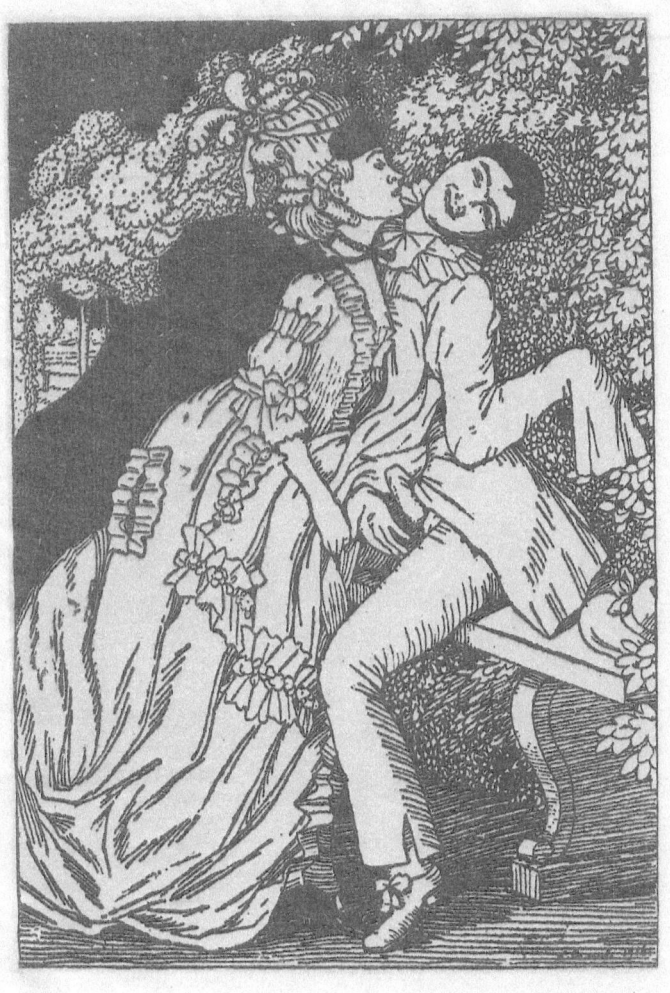

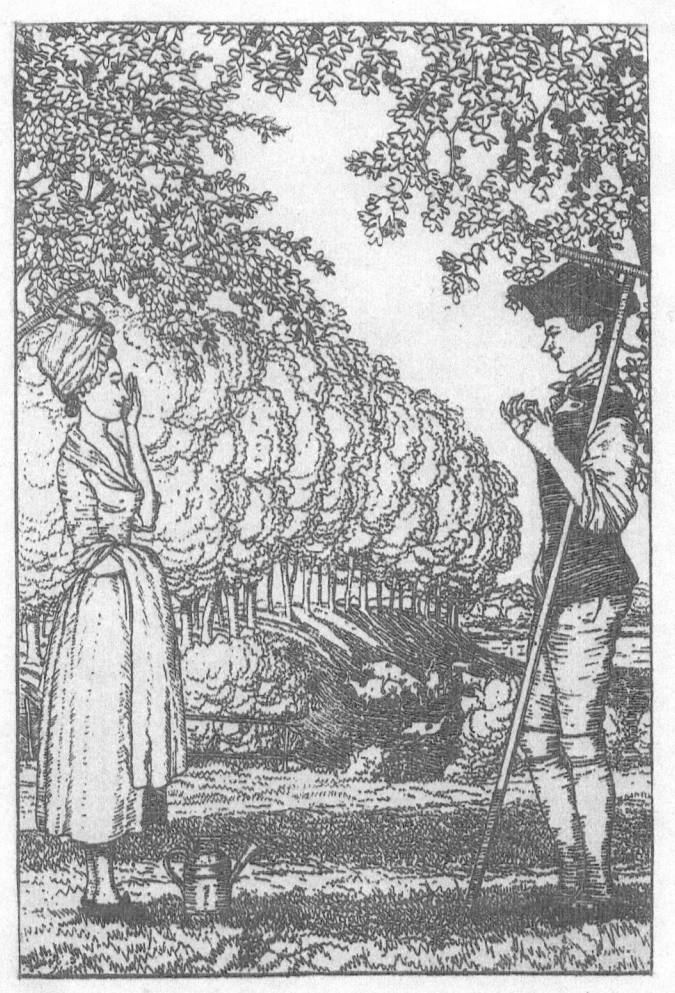

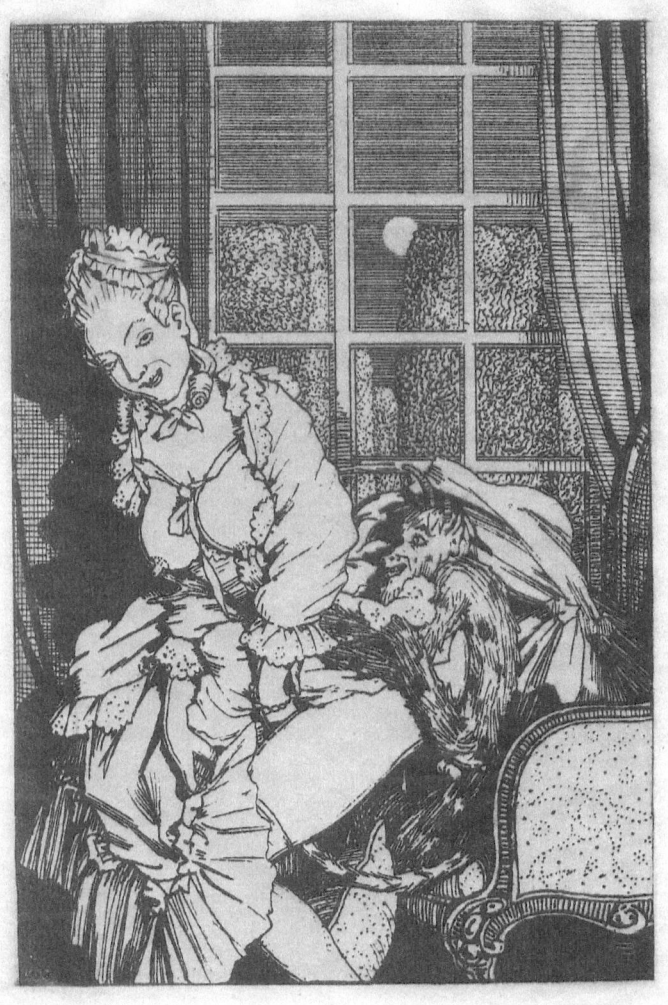

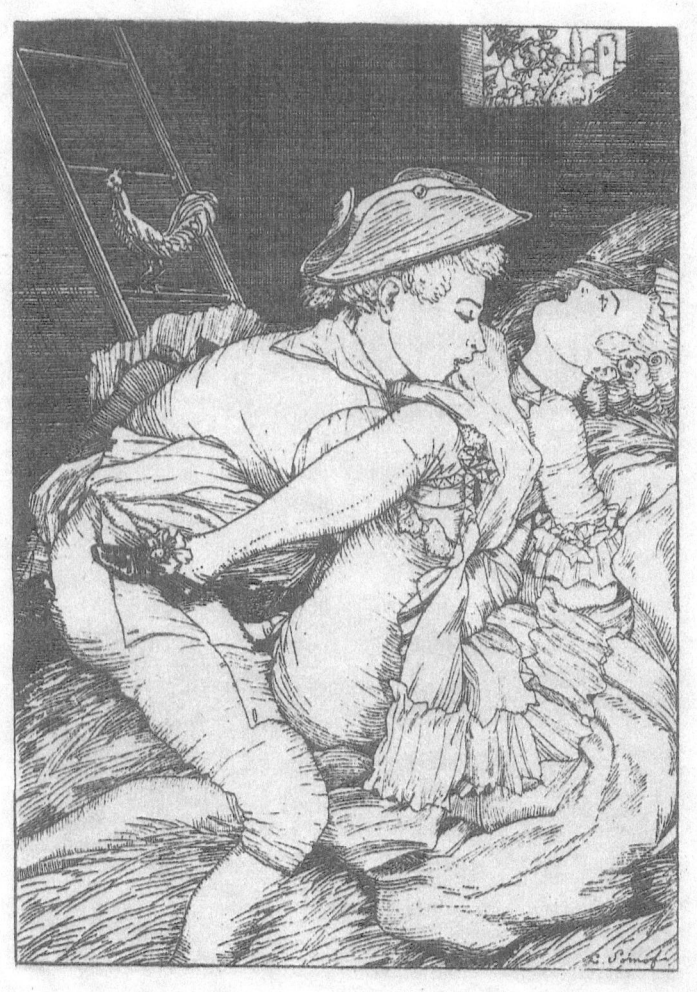

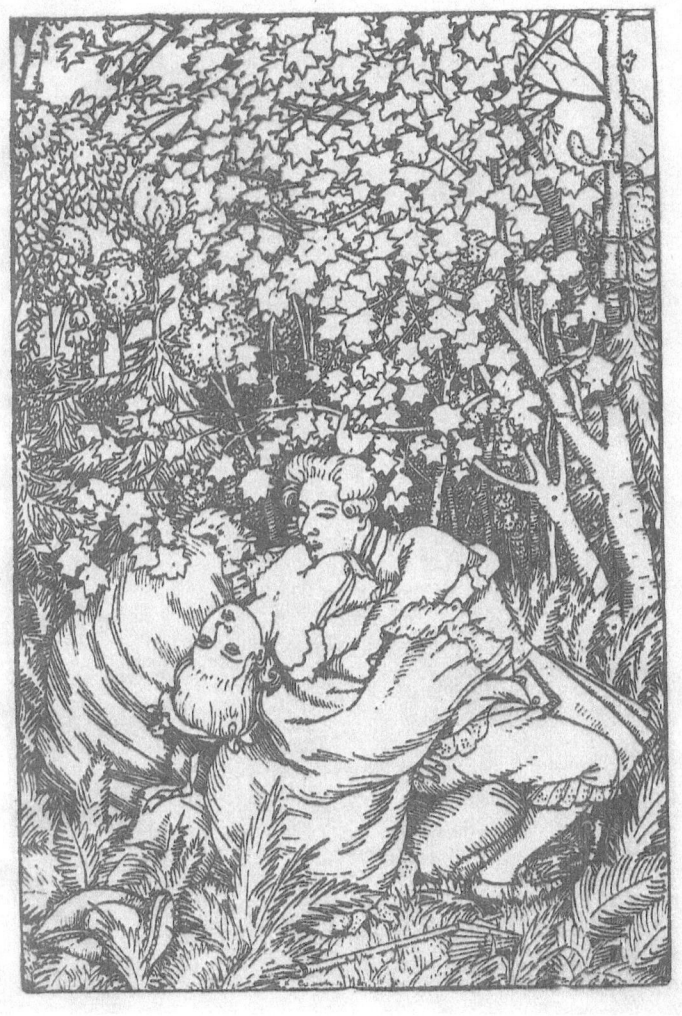

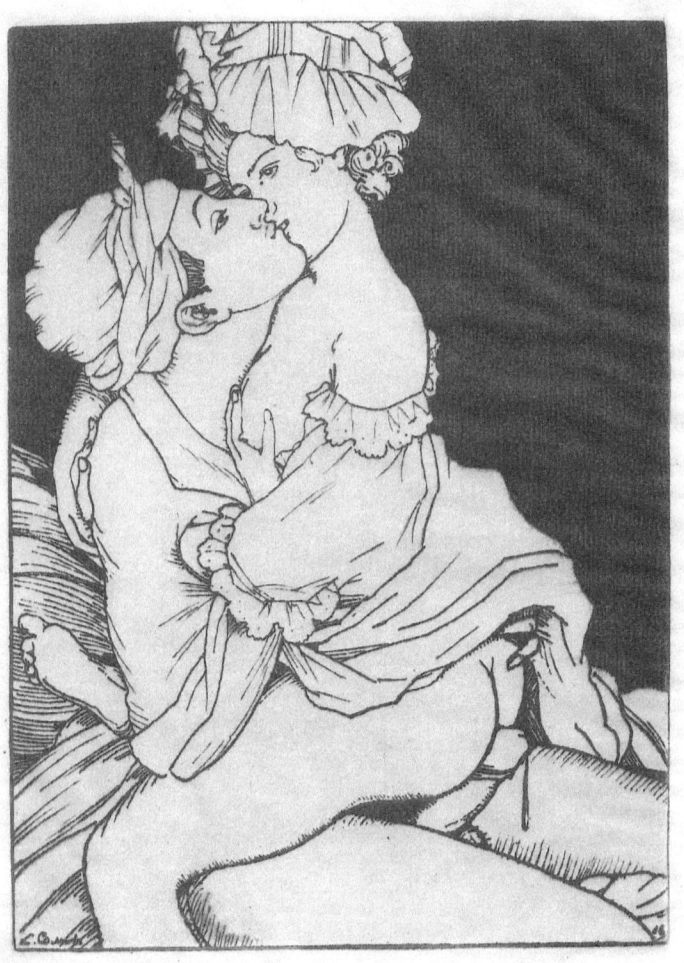

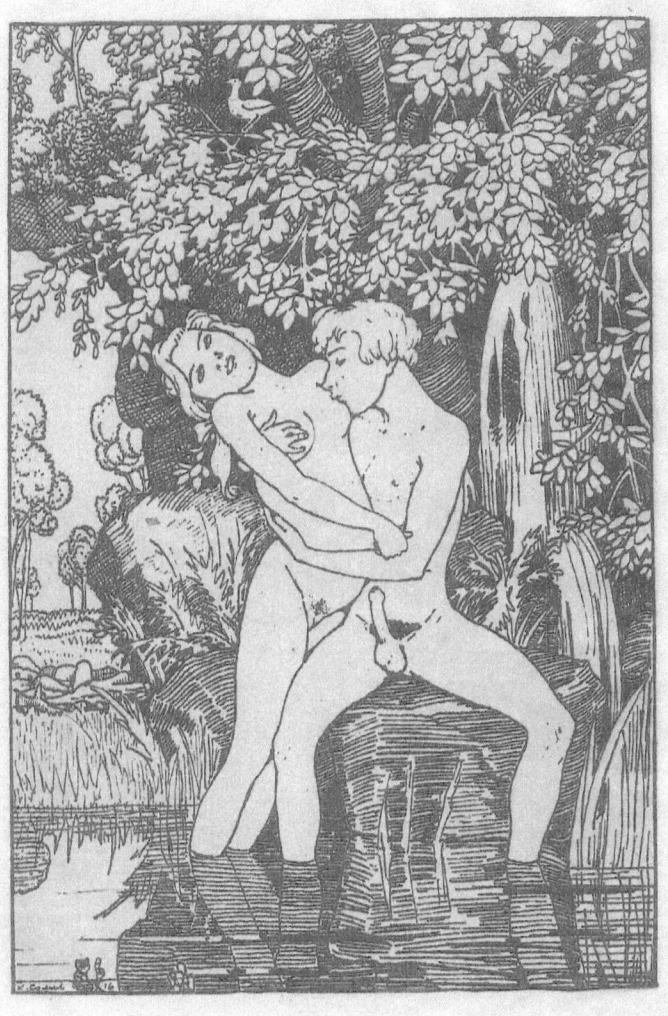

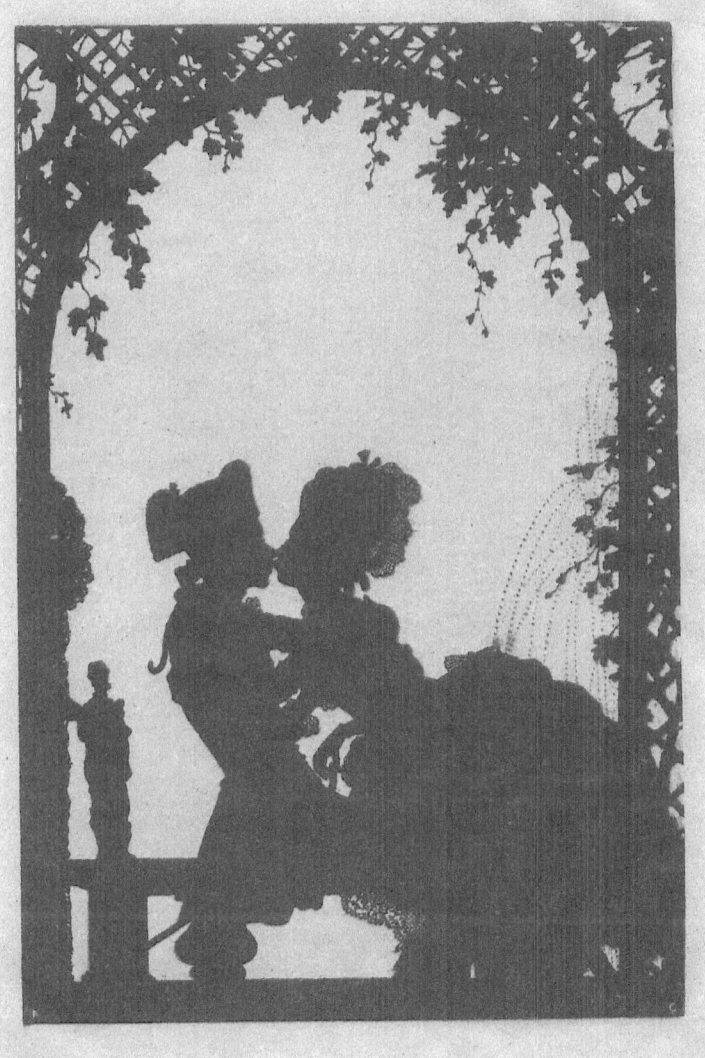

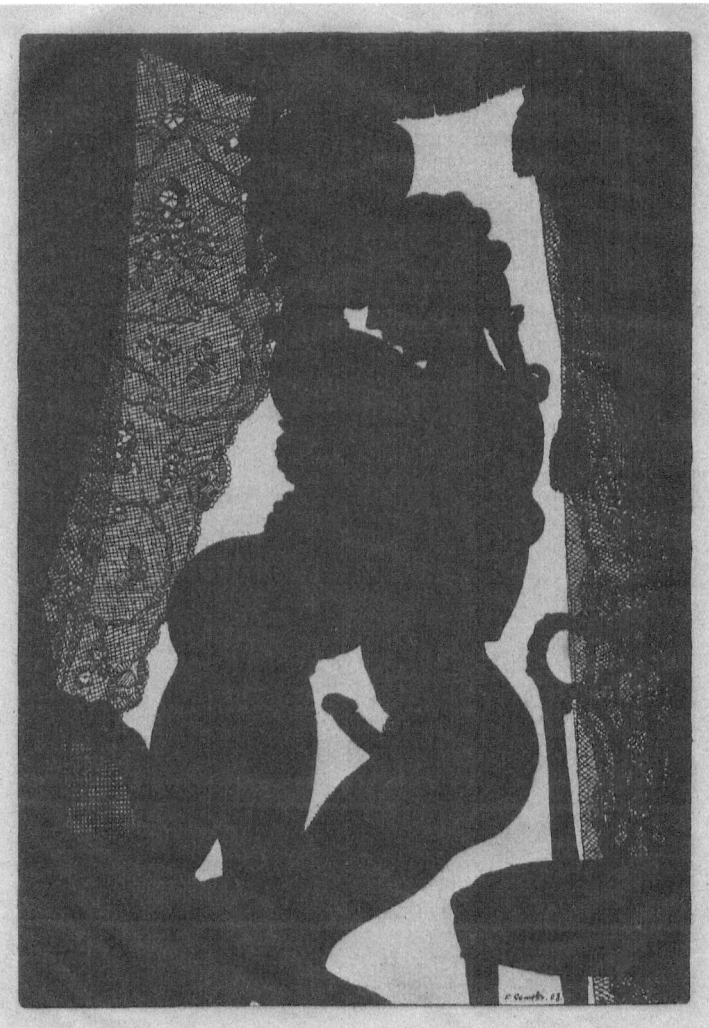

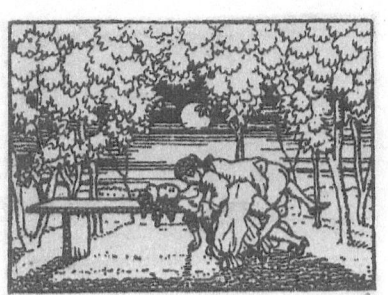

Für einen privaten Kreis von Freunden Somoffscher Kunst wurde dieses Werk in 30 handschriftlich numerierten Exemplaren herausgegeben ∞ Die Subskribenten übernehmen die Verpflichtung, es nicht in den Handel zu bringen ∞ Der gezeichnete Titel mit der Somoffschen Vignette wurde lithographisch reproduziert und mit der Hand koloriert ∞ Die zehn Zeichnungen wurden in Kupfer geätzt und für die Exemplare 1—10 auf Kaiserlich Japan, für die Exemplare 11—30 auf Van Geldern= Bütten gedruckt ∞ Dies ist Exemplar Nummer

Hans-Jürgen Döpp

Rokoko als Eskapismus

Europa ist gerade noch einmal dem Abgrund entronnen: Die Länder leiden an den Verheerungen des mörderischen Weltkrieges, der weltweit insgesamt 17 Millionen Tote forderte. Es folgte eine gärende Zeit, eine Zeit der Unruhe, der Revolutionen, der wirtschaftlichen Krisen. In Russland beendeten Arbeiteraufstände in der Februarrevolution 1917 die Zarenherrschaft. Der russische Bürgerkrieg von 1917 bis 1921, aus dem die Bolschewiki als Sieger hervorgingen, kostete über 8 Millionen Menschen das Leben. Die Krisenhaftigkeit des Kapitalismus zeigt ihre Reflexe auch in der Kunst. Mit dem Kubismus, dem Expressionismus und dem Dadaismus verabschiedet man sich von der „Schönfärberei des Impressionismus": Die moderne Kunst ist „eine grundsätzlich ´hässliche´... Sie zerstört in der Malerei die ´malerischen´ Werte, in der Dichtung die Stimmung und die kunstvoll ausgeführten Bilder, in der Musik die Melodie und die Tonalität. Sie bedeutet eine ängstliche Flucht vor allem Angenehmen und Gefälligen, allem rein Dekorativen und Schmeichlerichen" (A.Hauser).

Somoffs Mappe „Das Bilderbuch der Marquise" erschien 1922, in dem Jahr, in dem der deutsche Außenminister Walter Rathenau durch rechtsgerichtete Freikorps ermordet wurde. Im gleichen Jahr erschien Ernst Tollers Drama „Die Maschinenstürmer" und wurde Brechts „Trommeln in der Nacht" uraufgeführt. James Joyce vollendet den „Ulysses", Franz Kafka arbeitet an dem Fragment gebliebenen Roman „Das Schloss", und Arnold Schönberg entwickelt die Zwölftontechnik.

Somoff aber flieht seine Zeit, sucht sein Arkadien in den Idyllen des Rokoko. Damit ist er nicht alleine: Das Rokoko bietet sich vielen Künstlern an als eskapistischer Ausweg in eine bessere Welt. Hier seien nur einige der Werke auf dem Gebiete der erotischen Kunst dieser Zeit genannt: Franz von Bayros mit den „Bildern aus dem Boudoir der Madame C.C." (1912), Franz Christophé mit seinen schönen Folgen „Venus und Tannhäuser" (1916) und „Das Naschkästchen" (Arkadien 1920 = Berlin-Charlottenburg!), Fritz Janowski mit seiner Mappe „Stunden der Liebe"(1918), Antonio Francesco (= Walter Rössner) mit dem Mappenwerk „Liebesfreude" (1920), Hanns Pellar mit seinem „Verliebten Flamingo"(1923).... Rückwärtsgewandte Sehnsucht – überall. Rokoko als Ideologie...

Ideologie, falsches Bewusstsein, war der Stil des Rokoko aber damals schon. Er trat um 1730 hervor und herrschte bis etwa 1780. Die Bilder des Rokoko zeigen heiter-beschwingte Formen, delikate Farben und spielerische Szenerien. Die galanten Stiche aus dem Rokoko idealisierten das sich in Müßiggang ergehende Leben der oberen Gesellschaftsschicht. Frech-überschäumende Szenen der Liebeslust nehmen einen breiten Raum ein. Die wesentlichen Impulse gingen dabei von Paris aus, vom Königshof und der hier versammelten Aristokratie. Dabei gingen galante Kunst und galantes Leben so ineinander über wie in keiner anderen geschichtlichen Phase: Die Kunst schmückte mit kleinen zierlichen Bildern, mit zierlichen Statuetten, mit kleinen Büchern voll zierlicher Kupferstiche das Boudoir der schönen Mätressen und verhalf diesen Damen in den Petites Maisons zu einem verführerischen Milieu. "L`Adoration du Sexe": Das Rokoko ist ein einziges Hohes Lied der mit Bewusstheit und Raffinement sich auslebenden sinnlichen Liebe. Erotische Themen und Motive aus der klassischen Mythologie, die schon in der Renaissance immer wieder als Vorwand zur Darstellung von Liebesszenen dienten, blieben auch im Rokoko beliebt. Liebschaften wurden arrangiert und verklärt als "Götterliebschaften".

Rückwärtsgewandte Sehnsucht also auch hier. Schon in der Zeit des Hellenismus wurde Arkadien verklärt zum Ort des Goldenen

Zeitalters, wo die Menschen unbelastet von mühsamer Arbeit und gesellschaftlichem Druck in einer idyllischen Natur als zufriedene, ja: glückliche Hirten lebten.

Das Rokoko war aber zugleich auch die Zeit der intriganten „Gefährlichen Liebschaften" und der kalten Leidenschaften eines Marquis de Sade. Insofern produzierten diese poetischen Bilder auch einen schönen Schein, eben: Ideologie. „Als Repertoire der erotischen Phantasien des Abendlandes, als Ausdruck seiner unbewussten Wünsche und als bildliche Begleitung seiner kulturellen Entwicklung waren die Personen und Szenen jener Bilder und Stiche eher die Illustration einer notwendigen Illusion, als die Widerspiegelung einer realen Welt". Jacques Solé warnt, dass die historische Bedeutung der fleischlichen Träume der neuzeitlichen Christenheit nicht übertrieben werden sollte. „Die ästhetische Erotik des Ancien Régime stellte eine äußerst seltene Freiheit für eine Zivilisation mit kontrollierter Sexualität dar, ein Fest, das sich die immer rigider gefangenen Sinne herausnahmen. Die wunderbaren Paarungen der verschlungenen Liebenden leiten sich von den Träumen einer Epoche ab, die in Anzügen und hinter Vorhängen eingeschlossen war; je mehr sie den Körper verachtete und verbarg, umso mehr zelebrierte sie das Ideal seines sichtbaren Zaubers. So präsentiert die in den Museen versammelte Kunst den imaginären, nicht den wirklichen Anteil unserer Vergangenheit". „Herrschaft der Lust": man sprach mehr davon, als dass sie gelebt wurde. Die Elite sei „eher zerebral als sinnlich" gewesen.

Fassen wir - mit Karwath - den Zeitraum vom Tode Ludwigs XIV. bis zum Ausbruch der Revolution zusammen, so „bildet er für die aristokratische Schicht ein ununterbrochenes Fest, und dieses Fest bezeichnet man als das 18. Jahrhundert." Diese Zeit, in ihrem fieberhaften Genuss, hat in Frankreich eine Kunst geschaffen, welche von dort aus noch im selben Jahrhundert nahezu ganz

Europa eroberte. Es war eine Zeit gesteigerten Genusses, welche sich, je näher die Revolution rückte, desto mehr verfeinerte, desto mehr dem Genuss hingab, sodass Talleyrand ausrief: "Diejenigen, welche die letzten 10 Jahre vor der Revolution nicht gekannt haben, haben das Glück zu leben nicht gekannt".

Wie wir sehen, inspirierte die Kunst des Rokoko die Erotische Kunst für die nächsten 200 Jahre. Von verschiedenen Künstlern wurde immer wieder dieses "Goldene Zeitalter" beschworen. Und so auch von Konstantin Somoff.

***

Konstantin Andrejewitsch Somoff wurde am 18. November 1869 in St. Petersburg geboren und starb am 6. Mai 1939 in Paris. Sein Vater, Andrej Ivanovich Somov, war Kunstwissenschaftler und Kurator an der Hermitage. So wurde sehr früh sein Interesse an der Kunst des 18. Jahrhunderts geweckt. Somoff studierte von 1888 bis 1897 an der Petersburger Akademie der Künste. Nach seinem Abschluss ging er nach Paris, wo er in den folgenden zwei Jahren an einer Privatakademie studierte. Nach seiner Rückkehr aus Paris ließ er sich in St.Petersburg nieder, wo er über Alexandre Benois bekannt gemacht wurde mit Sergei Diaghilev und Leon Bakst. Sie begründeten die Künstlerbewegung „Welt der Kunst" („Mir iskusstva"), für deren Magazin Somoff Beiträge lieferte. Wie viele Mitglieder der „Mir iskusstva", war Somoff homosexuell.

Inspiriert von Watteau und Fragonard, arbeitete er vorzugsweise in Aquarell und Gouache. Viele seiner Werke wurden auch außerhalb Russlands ausgestellt, speziell in Deutschland, wo 1909 die erste Monographie über ihn erschien.

1913 wurde er ordentliches Mitglied der Petersburger Kunstakademie, 1918 Professor an der Petrograder Staatlichen Kunsthochschule. Infolge der Russischen Revolution verließ er

Russland 1923 und emigrierte in die Vereinigten Staaten, empfand dieses Land aber als „absolut fremd für meine Kunst". So zog er nach Paris, wo er 1939 starb. Sein Grab befindet sich auf dem Friedhof Sainte-Geneviève-des-Bois. –

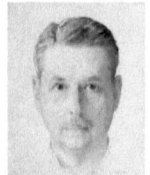

www.ingramcontent.com/pod-product-compliance
Lightning Source LLC
Chambersburg PA
CBHW031518210526
45464CB00007B/2969